1小时读懂青春期

男生版

〔英〕菲尔·威尔金森　著
〔英〕萨拉·霍恩　绘
刘　畅　译

中国妇女出版社

目录

什么是青春期？

如果你现在8岁了，在接下来的几年里，你将会发现自己身体的大变化——既有内部的，也有外部的。

这些变化会影响你的外表、感觉甚至思考方式。
这听起来可能有点吓人，但你对青春期了解得越多，就越能应对这些新变化。

在青春期，你的身体会从男孩变成男人，这是很正常的过程。这意味着成长，你会慢慢变高、变重、变强壮。你的声音会改变，你的身体会长出更多的体毛。

经过青春期，你不仅会成为一个大人，你的身体还会为了将来某一天你想要生小孩做好准备。

最重要的是，你要记住，没有必要为这些变化感到尴尬，有青春期是正常的、自然的。

青春期进度表

你的身体有自己独特的生物钟，只有在它做好准备后，青春期才会开始。下面只是一个大致的时间表，它可以让你知道身体在什么时候会发生什么样的变化。

8岁

青春期一般不太可能在这个年龄前开始。

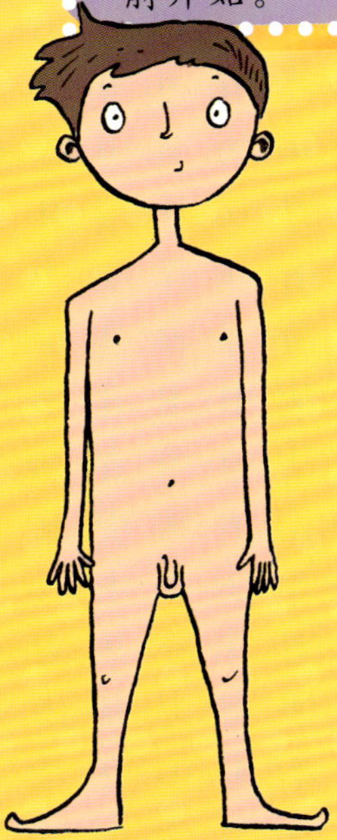

9~10岁

一旦青春期开始，你可能会注意到你的阴部，也就是你的“小弟弟”变大了，或者开始感觉它跟以前不一样了。

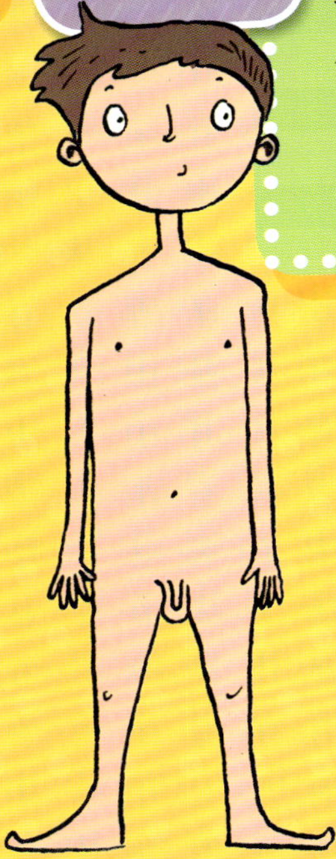

10~11岁

你可能会有一些新的想法和感受，并注意到身体的一些部位开始长体毛了。

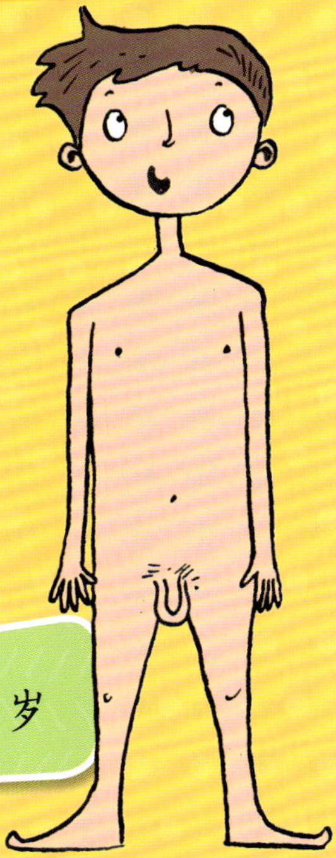

12~13岁

你的快速生长阶段将会开始，脸上会长出柔软的胡须。

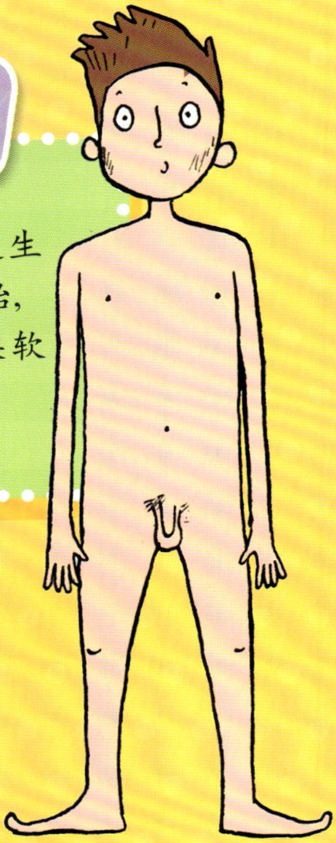

13~14岁

这是快速生长阶段里你生长最快的时期：你会长高大约12厘米，体型也会改变，脸上还会长出更多的胡须。

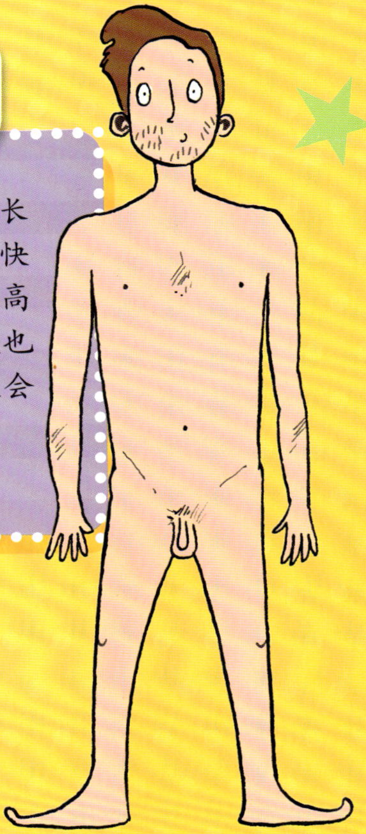

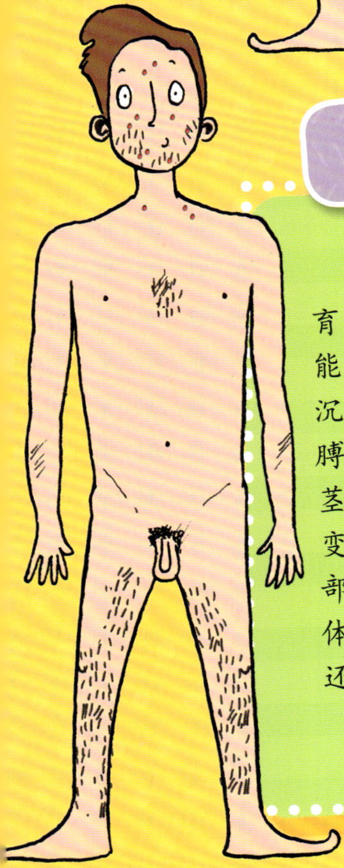

14~15岁

喉头开始发育，你的声音可能会因此变得低沉。你的腿、胳膊、腋下以及阴茎根部的体毛会变多。胸部和背部甚至也会长出体毛，脸上可能还会出现痘痘。

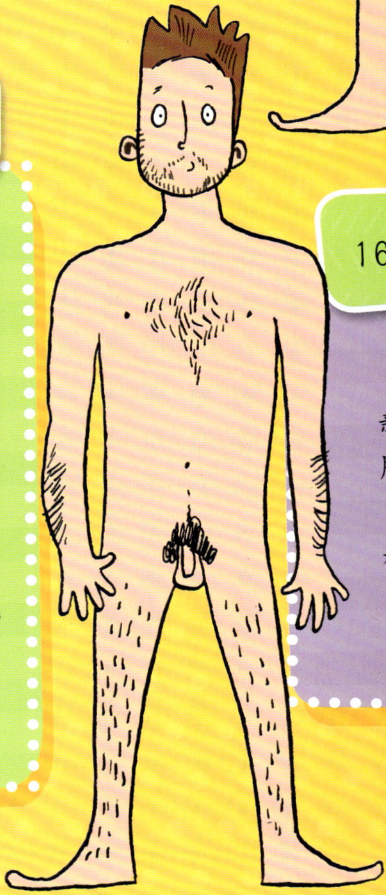

16岁＋

为了适应新身高，你的肌肉也会不断变粗。这个过程会一直持续到21岁左右。

是谁制造了青春期？

每个人度过青春期的方式都不同，但这一切都是从你的大脑开始的。

激素就像是在血液中穿行的邮递员，它们能让你身体的某些部分发生改变。在你10岁左右，大脑会分泌一种叫作“促性腺激素释放激素”（GnRH）的激素。这种激素会刺激大脑分泌另外两种激素。它们会命令你的睾丸分泌睾酮及其他雄激素。雄激素是性激素中的一种。性激素会促使青春期到来。而当青春期到来时，睾丸中就会开始产生男性的生殖细胞——精子。

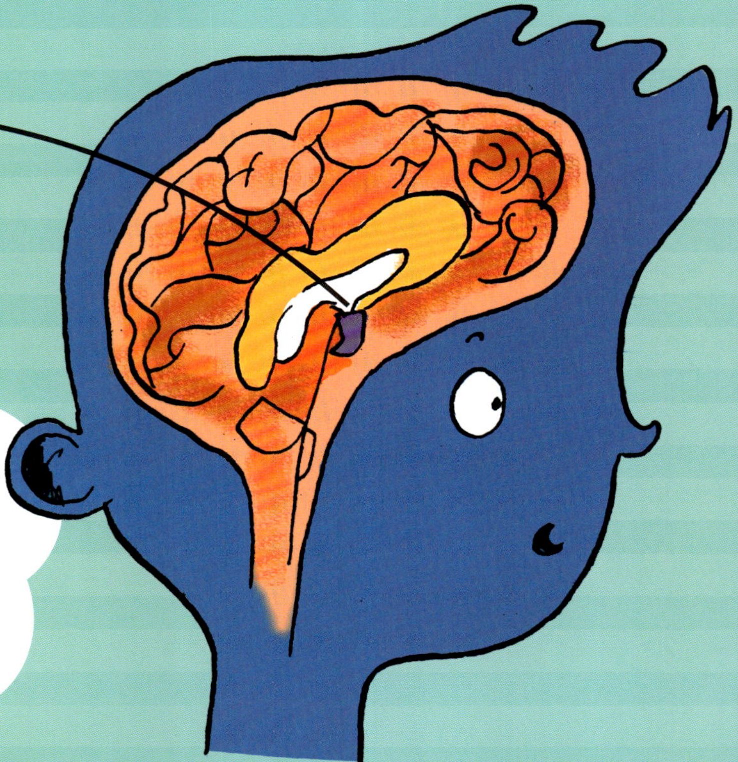

男孩体内有雌激素，女孩体内有雄激素。虽然这听起来很奇怪，但我们确实天生如此！

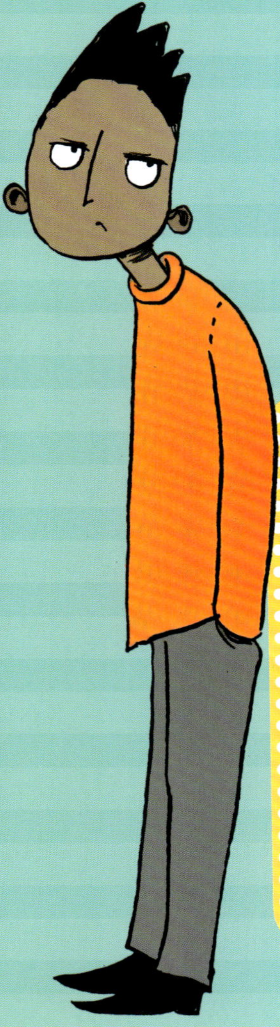

性激素还会使人在青春期产生其他变化，这些变化会持续到你21岁。它们是令人兴奋的，会让你觉得自己更成熟。

激素会让你感到愤怒、沮丧和烦恼，有时还会让你感到极其快乐和兴奋。当它们在你的身体中横冲直撞时，你会感到奇怪和不安，但不用担心，最终你会平静下来。

先长高还是先变胖？

现在，你可能会觉得自己和朋友们看起来不太一样，不过还是等到青春期再下结论吧！

你的一些朋友会在11岁时猛长个子，而另一些则不会，他们可能要到14岁才开始。无论你是第一个还是最后一个长个儿的，都可能令你苦恼，但是别担心——青春期不是一场比赛，你肯定能搞定的。

在青春期，你的身体不会按照你的想法生长。有些男孩会发现他们先长胖，有些男孩会发现他们先长高，还有一些男孩会注意到他们的脚最先变大。

会变成什么样？

★你会变高变壮。整个青春期期间，你会长高大约12厘米。

★你的肌肉会变发达。

★男孩的上半身会变得跟女孩的不一样。随着肌肉的生长，你的肩膀会变宽。

你可能会有生长痛。生长痛一般在12岁左右出现，它会影响你的胳膊、腿甚至后背，这是正常的。但如果它让你很难受，就去看医生吧。

我会长出乳房吗？

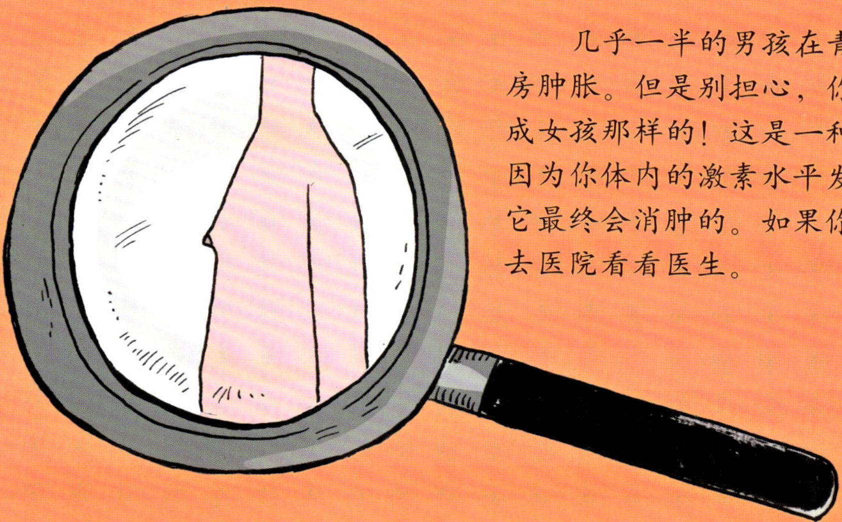

几乎一半的男孩在青春期会感到乳房肿胀。但是别担心，你的乳房不会变成女孩那样的！这是一种正常的现象，因为你体内的激素水平发生了变化，但它最终会消肿的。如果你很担心，可以去医院看看医生。

声音为什么会变粗？

在青春期，男孩一开口说话，你就会发现另外一个非常明显的变化！

声音的变化通常发生在你14岁左右，就像青春期的所有变化一样，它可能会发生得早一点或晚一点。你的声音会变得更低、更粗和更成熟，这个过程被称为“变声”。

声音为什么会变化？

★声带是位于喉部的发音器官。当人说话时，声带会震动，从而发出声音。

★青春期前，声带比较窄。在青春期，声带会变宽很多，这让你的声音听起来更低沉。

★你的面部在青春期会发育。当你的面部骨骼变大时，鼻子和喉咙里的空间也会变大，这会让你的声音更大。

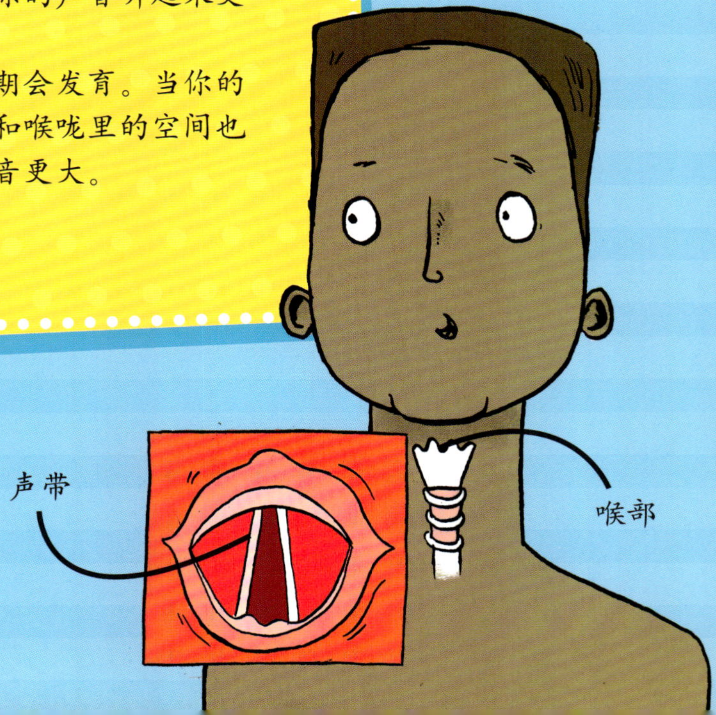

当然，这种改变一般不会很快过去，因为你的喉头和声带正在生长发育。你的声音有时很正常，有时却会颤抖或变得奇怪，还有时会听起来很成熟。但是，你的发音并不会真的改变。

停止出怪声很容易：咳嗽，清清嗓子，再试一次，或吞咽几下，等几秒再说话。

喉咙处的“肿块”是怎么回事？

这个“肿块”叫“喉结”。它并不是你身体新长出来的部分。只是随着年龄的增长，你的喉咙里有块软骨会稍稍向前凸起。

恼人的痘痘

你可能很害怕长痘痘，但当你了解了它，并知道如何应对以后，你会觉得长痘痘并不可怕。

痤疮、粉刺、青春痘、痘痘……随你怎么称呼这些小红包，它们可能真会在你成长的过程中给你带来痛苦。但是，呵护好你的皮肤是青春期重要的一件事。

痘痘的学名叫作“痤疮”，因为青春期较容易长痘，它又被称为“青春痘”。进入青春期，你体内的雄激素水平升高，使得一种叫作“皮脂”的特殊油脂大量产生。适量的皮脂能使你的皮肤滋润光滑，但过量的皮脂会堵塞皮肤上的毛孔，甚至形成痘痘：如果皮脂在毛孔中堆积、凝固，就会形成黑头（开放性粉刺）；如果皮脂被细菌感染，毛孔就会发炎红肿，形成痘痘。

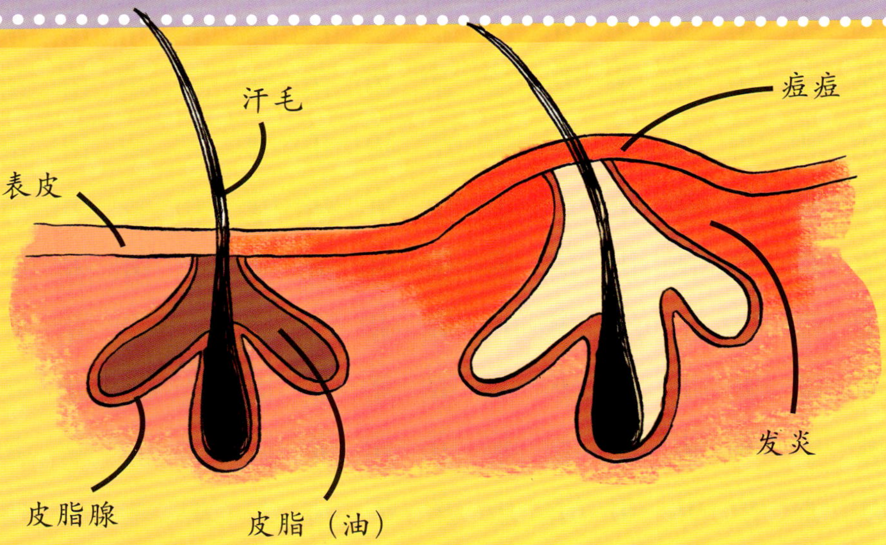

好消息是，你不必默默忍受痘痘带来的痛苦，有很多治疗方法可以帮助你。大多数药物都可以在药店买到，医生也可以为你提供更有效的治疗方法。

为什么后背也会长痘痘呢？

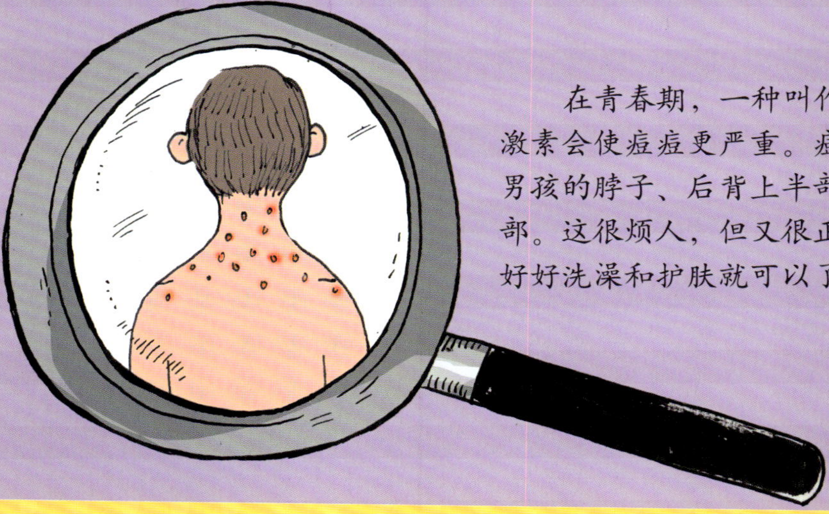

在青春期，一种叫作“睾酮”的雄激素会使痘痘更严重。痘痘可能出现在男孩的脖子、后背上半部、肩膀和胸部。这很烦人，但又很正常，你只需要好好洗澡和护肤就可以了。

为什么到处都长毛？

在身体各部位新出现的体毛是青春期最令人惊讶的一部分。

很快你就会发现，以前光溜溜的皮肤上慢慢长出体毛来。这通常是你注意到的第一个青春期迹象。它可能会在你9岁的时候出现，也可能会在你更大一点的时候出现。

体毛会出现在阴部，并且可能会沿着腹部向下生长。它也会出现在你的腋下、胸部，可能还会出现在肩膀和背部。你的腿上和手臂上的体毛也会发生变化。在青春期，体毛会变得更多更黑。

你无法控制体毛的数量，这是基因决定的。

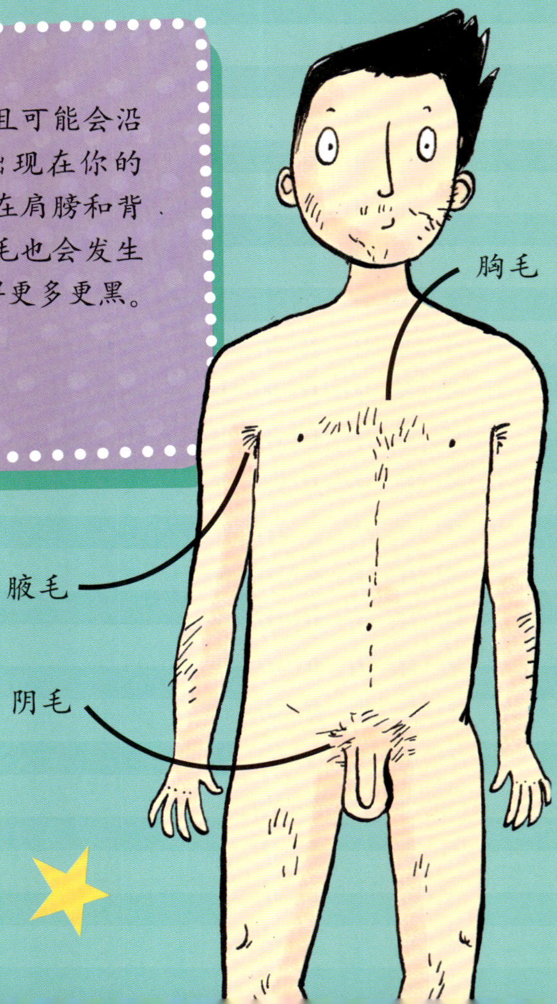

你在12岁或13岁的时候，会开始长胡须。

首先，你的嘴唇上方会出现小胡子。

然后，你的脸颊和下巴上也会长出胡须。

关于体毛的小知识

★体毛，特别是阴毛，可能会与你头发的颜色不同。一些男孩发现他们胡子的颜色与头发的也不一样。

★体毛不会长得像头发那样长。

★体毛会有多黑多厚，取决于你的基因。

刮胡子的学问

胡须刚出现的时候，看上去又细又软。一些男孩的胡须是一点点长出来的，而另一些男孩会很快长出满脸的胡子。

刮不刮胡子，什么时候刮胡子，这完全取决于你。有些男孩不介意胡子长短不齐，但也有些人不喜欢有胡子的样子，宁愿把它全部刮掉。

如果你真的想刮胡子，可以有两个选择：用电动剃须刀，或者手动剃须刀（它也需要水和剃须泡沫）。用手动剃须刀通常会让你把胡子刮得更干净，但不太容易掌握。可以请教一下你的爸爸或你认识的成年男性。

你刚学刮胡子的时候，脸上很容易出现划痕或被割伤。如果发生这样的情况，一定要用水冲洗伤口，然后用干净的药用棉球压住伤口止血。

一旦你开始刮胡子，你的胡楂会很快长出来。为了使你的脸部保持光滑，你需要把胡楂再刮掉。起初，胡子重新长出来可能需要一周的时间，但最后你将需要每天刮一次胡子。

刮胡子会让我的痘痘更严重吗？

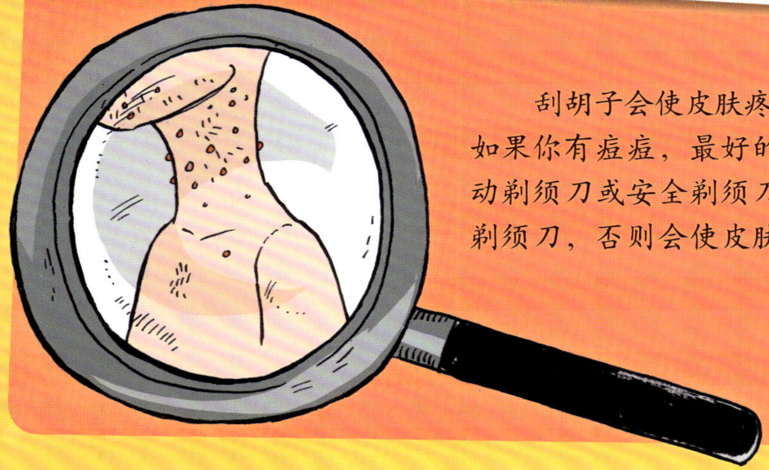

刮胡子会使皮肤疼痛，还会使痘痘变多。如果你有痘痘，最好的剃须方法就是使用电动剃须刀或安全剃须刀。要避免使用多刀片剃须刀，否则会使皮肤变得非常敏感。

为什么身体会有味儿？

如果你知道如何应对体味，一切都会变得轻松！

青春期是一个爱出汗的阶段。你可能会发现，紧张、尴尬、四处走动甚至睡觉，都会引起出汗。

流汗没什么不好的，你的身体需要它来降温。然而，当它遇到潜伏在你皮肤上的细菌时，就会产生气味。如果你没及时洗澡，就会有所谓的体味。

控制体味的好办法有：每天用香皂洗澡；使用止汗除臭剂来帮助控制出汗的量（要注意选择对健康没有害处的产品）；每天换干净的衣服和内衣。

有些男孩在青春期会大汗淋漓，普通的止汗除臭剂没有用。如果你发现自己有这种情况，不要担心，可以去找医生给你开一些效力更强的止汗药。

下体的气味是怎么回事？

在青春期，你的身体会开始产生一种叫作“包皮垢”的东西。这是所有男孩阴茎都会分泌的一种淡黄色物质。

包皮垢会在包皮下面堆积起来，而且气味很难闻。一定要经常清洗这个区域，并且要用清水和温和的香皂轻轻洗，因为这里很敏感。

“下面”的变化

在整个青春期，你会注意到两腿之间的区域会渐渐地发生很大的变化。

从青春期开始，你的性器官就会逐渐发育成熟。这会让你产生精子（睾丸中产生的雄性生殖细胞），为将来生育小孩做好准备。

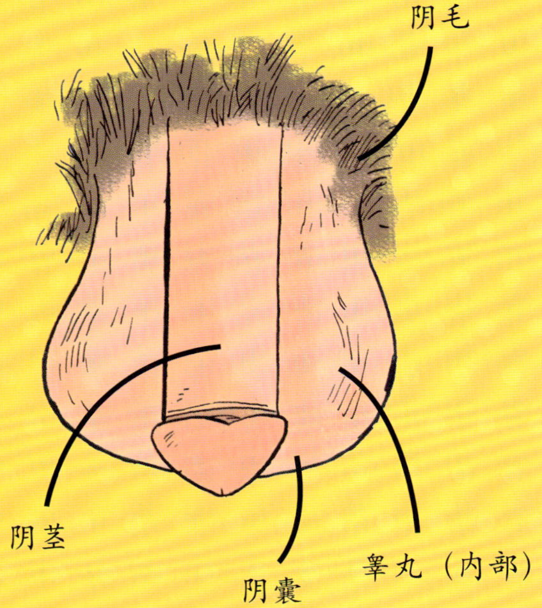

阴囊

在青春期，睾丸所在的阴囊会开始变大变长，颜色也会变暗。你还会发现阴囊的皮肤会变得越来越松，阴囊会垂得很低。这是因为对精子来说，你的身体太热了，阴囊松弛的皮肤可以加快散热。然而，当你感到冷的时候，你的阴囊会变小，并向身体靠近，从而使你的睾丸更接近身体的温度。

你的隐私部位有许多傻傻的名字。睾丸有时被称为球、蛋蛋、性腺，甚至传家宝！

阴囊内的睾丸

一旦你的大脑把青春期开始的信息发送到睾丸，它们就会变化和生长。当它们达到一定的尺寸时，就会产生精子。精子只能存活几天，所以睾丸会一直制造新的精子。

阴毛

阴毛会在阴茎根部的周围开始生长，这一区域称为耻骨区或腹下区。阴毛可能会蔓延到你的大腿，也可能会爬上你的肚子。刚开始，它们是柔软的，后来会变得又硬又黑。

为什么有人的睾丸会一个比另一个低？

一个睾丸比另一个低（通常是左边的比右边的低）是正常的，这可以防止它们在你跑步的时候互相碰撞。

“下面”的更多变化

就像青春期的所有事情一样，阴茎的变化取决于你自己的身体。在这方面，你和你朋友经历的变化可能相同，也可能不同。

精 液

在你的睾丸发育大约一年后，你的阴茎可能会射精。它发生在你性兴奋、阴茎变硬或勃起的时候。当你变得更兴奋时，你会感觉到阴茎里的肌肉运动，这会使你的阴茎喷出一种含有精子的液体，即精液。这个过程被称为“射精”。

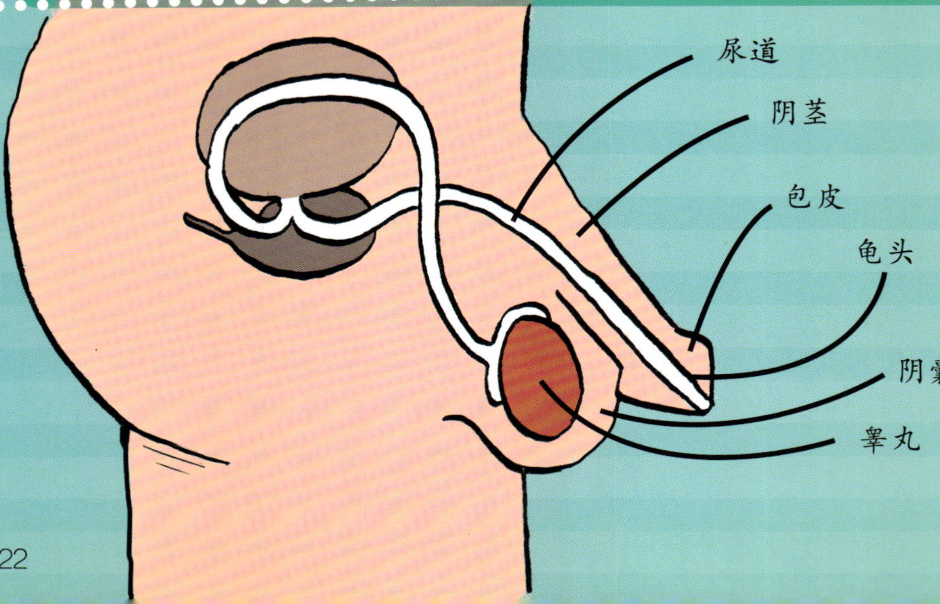

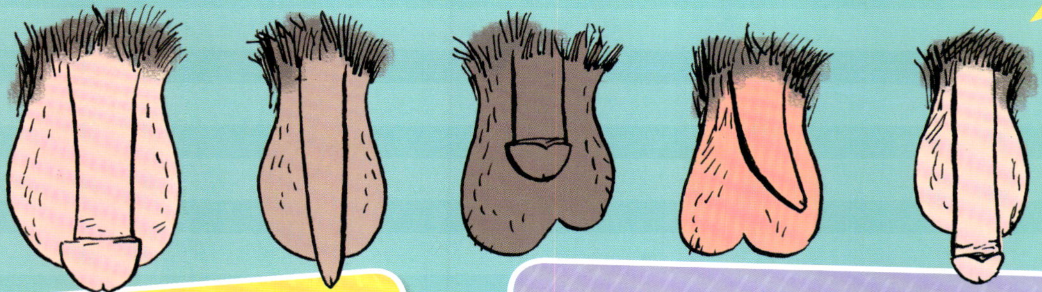

包皮

包皮是覆盖阴茎末端的皮肤，能保护敏感的龟头，并且在青春期会变长。

所有男孩出生时都有包皮，但有时由于某些原因，包皮会被切除或割掉。

阴茎

睾丸中的睾酮会让你的阴茎变长变粗。它不会长得很长，但它会变粗不少，龟头也会变大。

关于阴茎的尺寸，许多男孩都会感到焦虑，但是不用担心。阴茎柔软下垂时的大小和勃起时的并不一样，而且它平时有多大并不会影响它的功能。

我阴茎上的小疙瘩是怎么回事？

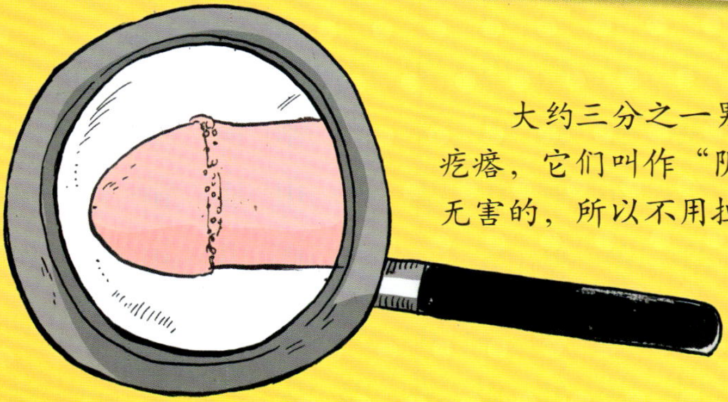

大约三分之一男孩的阴茎上有些小疙瘩，它们叫作“阴茎丘疹”。它们是无害的，所以不用担心。

男子汉的新感觉

青春期带来的一些变化是令人兴奋又有趣的，但也有可能会让你有点吃惊。

在青春期，你可能会更多地想到性，这是非常正常的，没什么可担心的。

特别的感觉

一些男孩发现，他们开始被以前意想不到的人吸引：也许是住在附近的女孩，或者是崇拜的人。如果这种情况发生在你身上，你可能会想象自己在亲一亲或者摸一摸她们。这是一种探索新感觉的安全方式，但在你准备好之前，不要让任何人强迫你与之约会或亲吻。你也可能会发现自己对任何人都不感兴趣，这很正常，完全不必担心。

勃 起

你应该有过勃起的经历，因为这在你很小的时候就出现过。然而，在青春期，勃起会变得更加频繁。

很多时候，它是由新的性感觉或一些令人兴奋的事引起的，但有时候则是毫无原因的。

梦 遗

梦遗是指你在睡梦中射精。这是因为你做了与性有关的梦，你可能记得，也可能不记得。梦遗很正常，没有什么可害羞的。当你年龄更大一些的时候，它就会消失了。你只要擦掉精液，洗个澡，把床单和睡衣扔进洗衣机就行了。

为什么我突然勃起了？

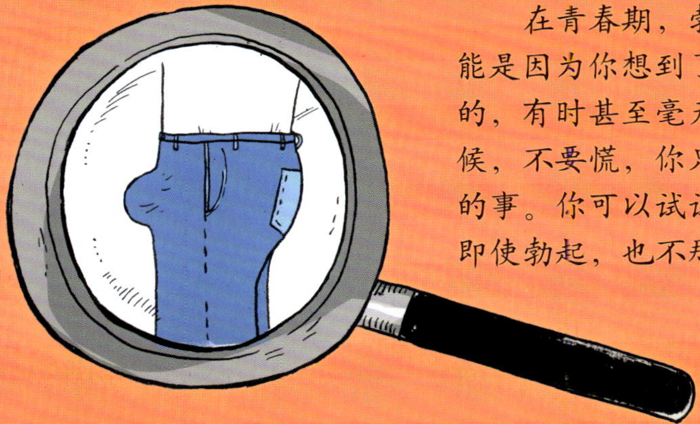

在青春期，勃起随时都可能出现。有时可能是因为你想到了性，有时可能是由运动引起的，有时甚至毫无原因。当这种情况发生的时候，不要慌，你只需要静静地坐着，想一些别的事。你可以试试穿宽松的内裤和裤子，这样即使勃起，也不那么明显。

性行为是怎么回事？

青春期的到来，意味着你的身体在为将来某一天生小孩做准备。是否要生小孩，由你自己来决定，但你的身体已经做好了准备。

不管你的身体是怎么打算的，生小孩可能是你此刻最不关心的事情！即便如此，了解什么是性行为，以及胎儿是如何形成的，也很重要，这样你就能了解身体正在发生的新变化。

很多人觉得谈论甚至提到性这个话题就会很尴尬，但性行为是彼此相爱的成年人之间的一种正常行为。

在性行为中，两个彼此相爱的人，会想要离得更近一些，甚至想要融为一体。这个过程会让两个人都感到愉悦和兴奋。

当男人达到兴奋的顶峰时会射精并释放出精液。精液中含有数百万的精子，这些精子会游进女人的体内寻找卵子。

性行为不仅仅是为了怀孕生小孩，也是成年人彼此相爱时所做的事，因为这是他们表达感情和感觉良好的一种方式。

不要把性行为太当回事

你第一次听到“性行为”这个词的时候，可能会很震惊，但这在彼此相爱的成年人之间是很正常、很自然的事情。在你还没有准备好的时候，不需要对这件事想太多。等你长大后，性行为可能会是一件自然而然的事。

小孩是怎么来的？

男性体内的精子必须与女性体内的卵子相遇并结合，才能生小孩。

生小孩看起来非常神秘，但了解你的身体能做哪些事情是很重要的。

胎儿是怎么形成的？

男性的精子与女性的卵子结合的过程被称为“受精”。然后，受精的卵子就会发育成胚胎，并在女性体内的子宫里安顿下来。

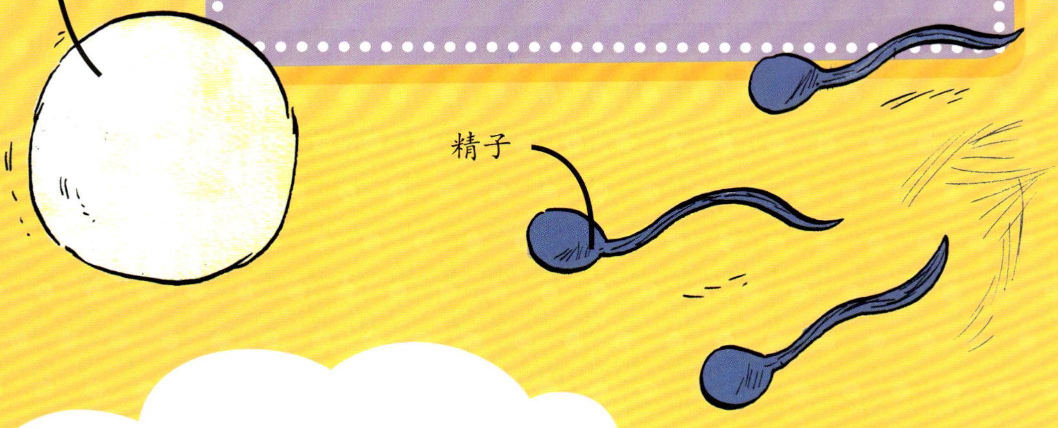

当成年人不想生孩子时，他们可以采取避孕措施。避孕措施各种各样，都可以阻止精子和卵子相遇或不让卵子受精。

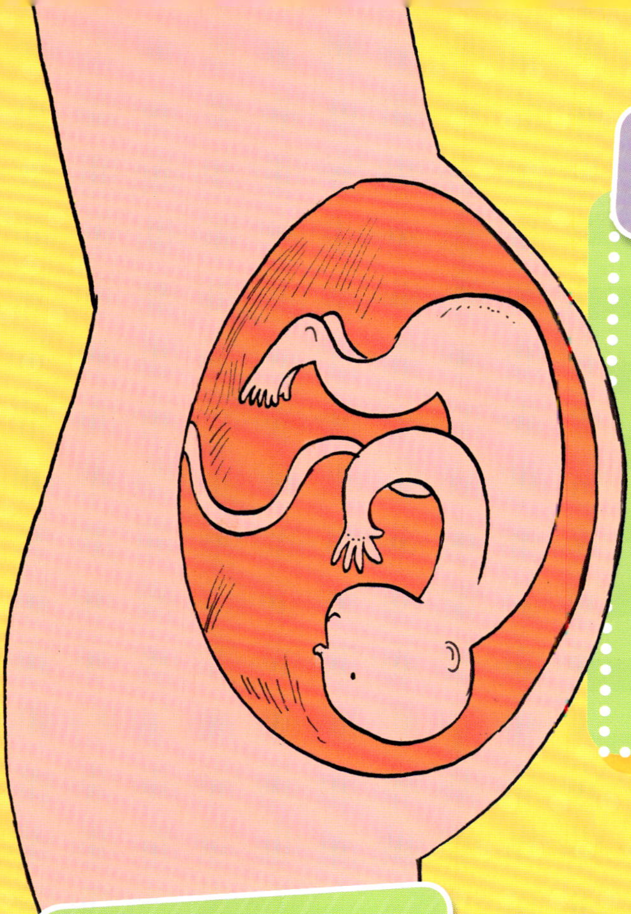

怀孕

怀孕是指母亲体内胚胎发育成长的过程。这个过程一般会持续9个月。在这段时间里，胚胎将发育成胎儿。正在发育的胎儿会把子宫撑大，所以女性在怀孕的时候，肚子会隆起。

分娩

生孩子的过程被称为“分娩”。准妈妈可以通过阴道分娩，也可以在医院通过一种叫作“剖宫产”的外科手术，把胎儿取出来。

最近比较烦

青春期，你会注意到的一个最大变化，就是你的感受。

在你身体中游走的激素，会影响你的思考方式，让你的情绪容易波动。

当你处于发育中的身体到处都是激素时，你的感受会变来变去。有时你会不知道如何应对这些感受，但是没关系。在青春期，正如你需要时间了解新的身体一样，你也要学会应对各种激烈的情绪，尤其是愤怒。

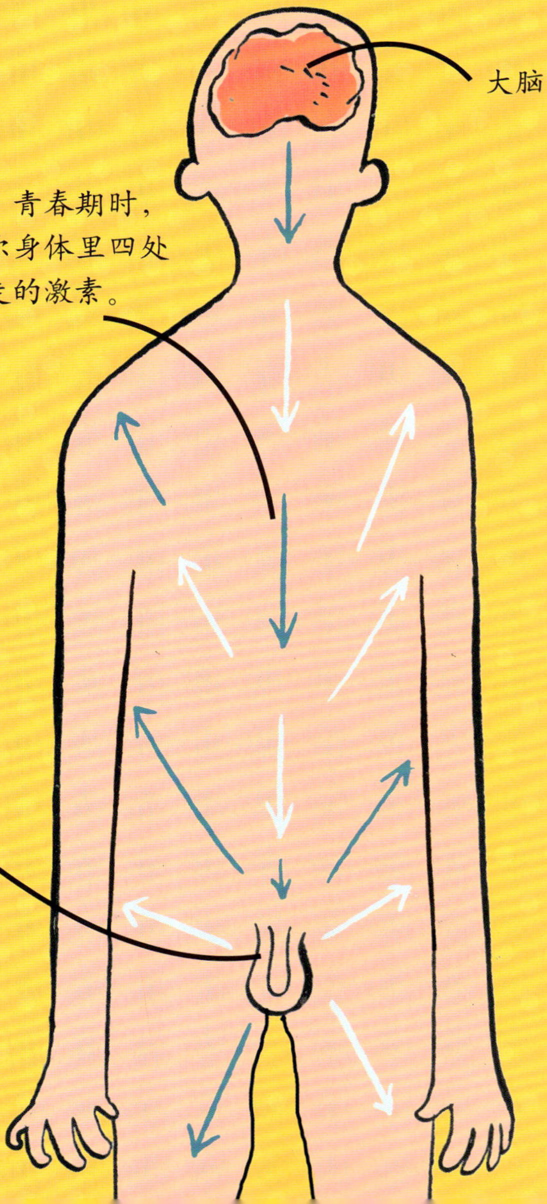

疲劳、压力以及不健康的饮食都会影响你的情绪。

你是否发现自己一直在发脾气，当别人惹你时，你会勃然大怒，满脸通红？其实不只是你这样。对许多人来说，愤怒是一个大问题，在青春期尤其难以控制。如果你是个不爱说话的人，就更难控制愤怒。如果你觉得自己的愤怒正在失去控制，试试下面这两个办法：

★试着从1数到10，然后走开。这种方法每次都很有效，因为它能让你调整呼吸，平静下来，避免你说出一些会让自己后悔的话，或者做出一些会让自己后悔的事情。

★交谈。这是控制愤怒的一种好方法。交谈有助于找到愤怒的根源。当你感到困惑、怨恨或被误解时，一定要告诉别人。

我能一个人待着吗？

十几岁的男孩因为各种事情被他人指责后，通常会生闷气、喜怒无常和沉默寡言。因此，需要私人空间是正常的，有时候想要一个人待着并没有什么错。

我要做自己

自尊或保持自信，对于男孩和女孩来说可能都是一件充满挑战的事情。

在青春期，自我感觉是很重要的一部分，可以帮助你感觉良好。

青春期的快速变化既能增强你的自信，也能摧毁你的自信，尤其是在青春期早期，你的身体以惊人的方式成长。也许你会觉得自己太高、太矮或太爱出汗、体味难闻。可能你的朋友都已经长得又高又壮，而你却仍然像个小孩。

有一点是可以确定的：你会把事情想得比实际情况更糟。放松一点，让事情按照它本来的节奏发生。

如果你发现自己情绪低落，试试下面这些小贴士：

★和你信任并喜欢的人在一起。真正的朋友不会让你为自己的外表感到难过，也不会强迫你去做不想做的事情。

★不要拿自己和他人比较，这肯定会让你感觉自己不够好。

★振作起来。有时候假装自信会让你感觉好一些。

★不要总是觉得自己该和影视剧里的男主角长得一样。媒体就是喜欢展示一般人难以拥有的身材。

做情绪的小主人

有时候比起男孩，女孩之间更喜欢谈论彼此的感受，也更容易理解和接受彼此。

这意味着男孩在青春期更难控制他们的情绪。一些家庭也是如此，妈妈说话多，并鼓励女儿说话，而爸爸和儿子则常常保持安静。如果这听起来很熟悉，那么你需要知道一些重要的事情。

聊天对你有帮助

当你有不好的、悲伤的感觉时，忽略它们是没有用的。相反，那只会让你的感觉变得更糟。而找人聊聊会让你感觉变好。你可以找朋友、家人，也可以找老师或者专业机构作为聊天对象。

做你自己

你不必为了控制自己的情绪而刻意变成一个外向的人。有时候，只需要对一个成年人说出“我感觉很糟糕”或“我太生气了，控制不了”，就足够了。

接受他人的帮助

也许很难听到有人告诉你要控制自己的情绪，但是那些正确的建议可以影响你的一生，尤其是当你感到害怕或失控的时候。

倾听同伴的话语

你的朋友们也正在经历与你一样的事情。试着从字里行间体会他们所说的话。如果他们经常拿自己的长相开玩笑，那他们可能对这个很敏感。不要取笑别人，如果别人取笑你，要制止他们。

如果害怕就大声说出来

男孩的压力之一，就是觉得自己必须一直坚强和勇敢。如果有什么让你害怕，无论是你的坏脾气，还是别人的行为或其他什么，勇敢的做法是：把它说给别人听。

吃，是件重要的事

如果想让自己感觉良好，那么在青春期吃得好是至关重要的。健康的饮食能帮助你减少情绪波动，让你的身体更好地发育。

随着年龄的增长，有越来越多的食物可供挑选，尤其是当你外出的时候，吃快餐或垃圾食品的欲望会很强烈。

如果你希望自己看起来和感觉很健康，就需要每天吃三顿主食，包括水果、蔬菜和含有大量蛋白质的肉类、豆类或蛋类。这就是说你应该拒绝没有营养价值的食物，比如碳酸饮料、饼干和薯片。你或许比较幸运，无论吃什么都一直那么苗条，但是吃垃圾食品会让你浮肿和感到懒散。

如果担心自己变胖，你可能很想通过节食减肥。节食可能会让你坐上过山车——一会儿吃得太少，一会儿又吃得太多，这会使你的身体机能紊乱。如果你觉得自己需要减肥或增肥，可以请你的父母或医生提些建议。

在青春期，男孩平均增重约17公斤。你的身高、饮食和从父母那里遗传的基因都会影响体重的增长。

为什么我总觉得饿？

为了支持你的身高和体重在青春期的生长，从9岁开始，你的胃口会逐渐变大。在13岁左右的时候，你的食欲会变得更好，你可能会发现自己总是饿。

一起来运动吧！

运动对你的身心都有好处。在十几岁的时候，你每天大约需要运动60分钟。

这个运动量听起来好像很多，但在不知不觉间，你做的运动可能比这还要多。

运动包括从走路上学、爬楼梯到与同学一起踢足球等所有的活动。如果你现在没有运动的习惯，那么你就应该动起来。如果你不喜欢团体运动，为什么不试试武术、体操或跑步呢？不管是哪种运动，找到你喜欢的，并保证每周至少做3次。

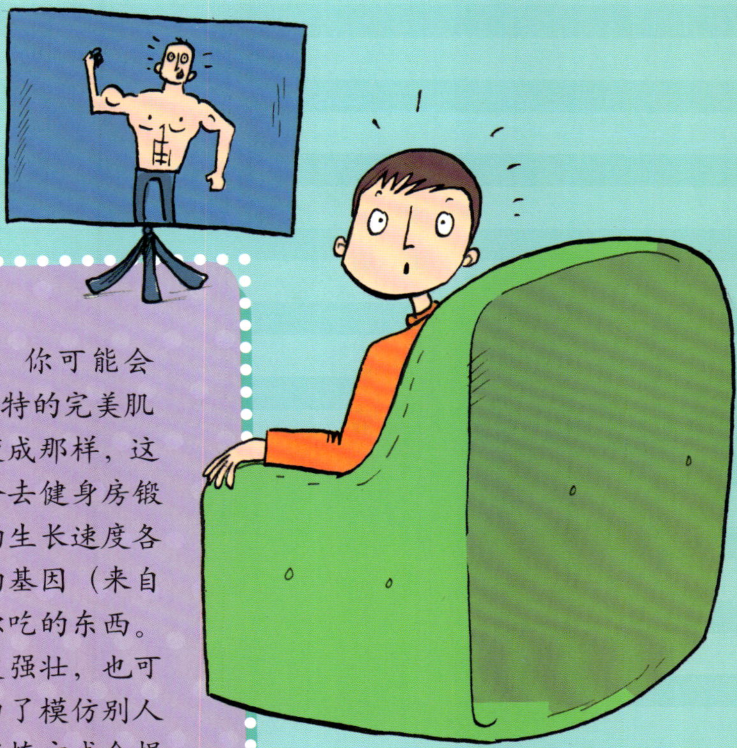

随着年龄的增长，你可能会很羡慕一些男明星和模特的完美肌肉，并且想让自己也变成那样，这就是为什么很多男孩会去健身房锻炼。然而，男孩肌肉的生长速度各有不同。这取决于你的基因（来自父母的遗传信息）和你吃的东西。和朋友相比，你可能更强壮，也可能更瘦弱。千万不要为了模仿别人而过度锻炼，错误的锻炼方式会损害你正在成长的身体。

为什么我这么累？

身体正在经历的变化，以及为了保持健康而进行的锻炼，会让你在青春期感到非常疲惫。即使你想熬夜，也应该每晚睡足10小时。这对正常的生长和肌肉的发育很重要。

保护隐私很重要

在青春期，你会开始感到自己的隐私越来越多。

选择告诉别人什么、展现给别人什么，是成长以及成为一个独立个体的一部分。

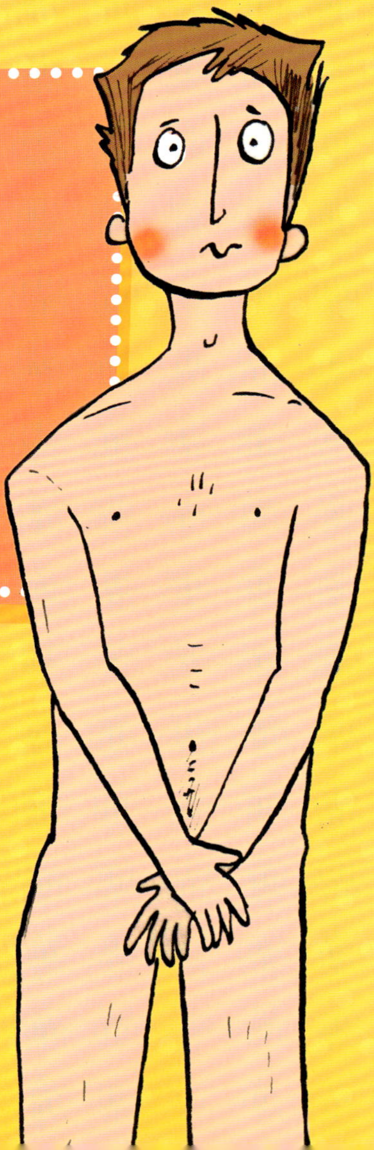

保护隐私意味着你可能不想把自己的想法和感受都告诉父母。你可能也不想花太多的时间和他们待在一起。这是正常的。和你的父母谈谈，告诉他们你需要什么以及为什么需要，这样他们就能帮助你在家里生活得更自在。

你可能会变得不愿意在别人面前换衣服。这是你的权利，因为你的身体是你自己的。不过话说回来，一些男孩不介意在朋友和家人面前光着身子。

你的“小弟弟”是隐私部位，别人不应该要求看或触摸那里，也不应该要求你看或触摸其他任何人的。但是，如果担心自己的身体有什么问题，你应该让父亲或医生看。

如果身边的人意识不到你的变化和需要，会使你更难适应体型的新变化。你可能需要提醒他们，特别是父母和兄弟姐妹：你的身体跟以前不一样了，不希望总是有人在你洗澡的时候出现在浴室里。

不让别人看你的私处，并不是说你的身体不好，不必感到羞耻。

你可能会发现你和你的朋友开始互相取笑对方的身体。你或许觉得这些笑话很有趣，也或许暗地里讨厌别人谈论你的身体。别人取笑你时，如果你不喜欢，就大声说出来。

女孩也有青春期

你认识的同龄女孩也正在经历青春期。

就像男孩一样，这些变化对每个女孩的影响是不同的。女孩的青春期可能开始得更早，因此你认识的一些女孩可能比男孩长得更高或看起来更成熟。

女孩们经历的一些变化与你的相似：她们变得更高、更重，长体毛、长痘痘。除此之外，她们的乳房开始发育，并开始来月经，这些都是女孩青春期的重要组成部分。

和男孩一样，女孩也会在不同时间，以不同的方式经历青春期。

月经是什么？

月经也被称为“月事”，是子宫每月出血一次的现象。如果女孩的身体发育成熟，为将来有一天生小孩做好了准备，她的卵巢中的一个卵子每个月便会沿着输卵管到达子宫。

为了给卵子做好准备，子宫内膜逐渐变厚。如果卵子与精子相遇并受精，胎儿就能在子宫内膜上生长。如果卵子没有和精子相遇，内膜就没有存在的必要了。它会自然脱落，在月经期经过阴道离开女孩的身体。

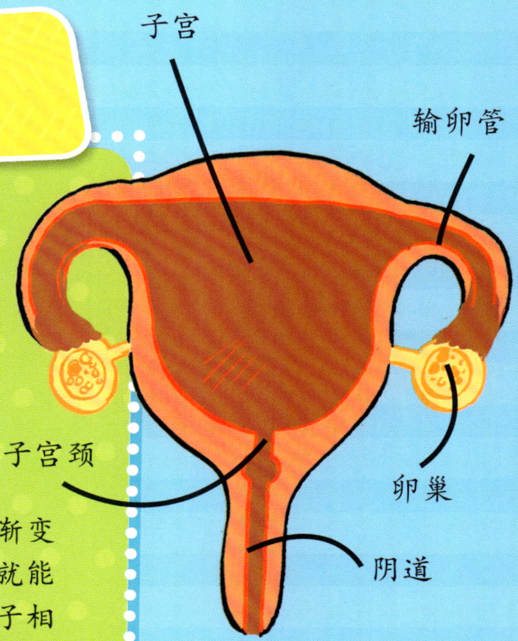

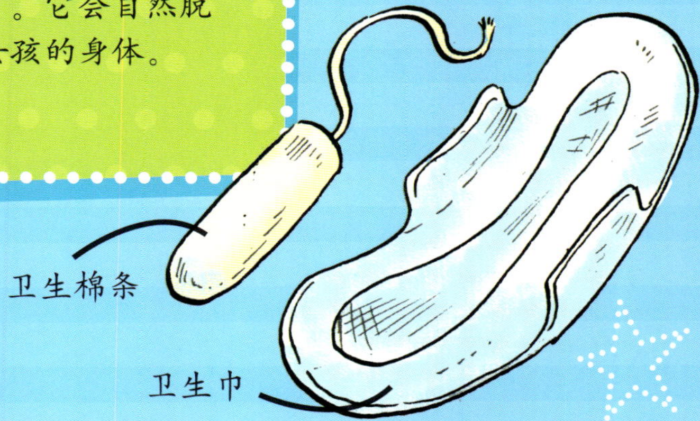

在月经期间，女孩会使用卫生棉条或卫生巾等产品。

你知道女孩什么时候来月经吗？

你从外表是看不出来的。这是一个完全正常和健康的过程，女孩在经期除了剧烈运动外，其他事都可以做。

女孩在青春期也烦恼

尽管女孩的身体与男孩不同，但女孩和你一样有烦恼。

她们也发现青春期很难熬，情绪容易波动，经常担心自己不断发育的身体。

和男孩一样，女孩也有激素引起的情绪波动。然而，对于一些女孩来说，在月经到来前的7天，也就是所谓的经前期综合征发生的时候，这些波动会变得更激烈。经前期综合征是激素水平变化导致的，它会让很多女孩感到情绪低落，甚至泪流满面。

在十几岁的时候，女孩会比男孩长更多的脂肪，而男孩往往会长更多的肌肉。在希望自己有吸引力的时候，这会让她们对自己的身体感到难为情和不自信。

嘲笑或指出女孩正在发育的身体部位，会让她们感到不安和沮丧。在青春期的这个阶段，善良是很重要的。

如果女孩受到嘲笑，你可能觉得加入嘲笑者的行列会让自己显得很酷。其实，站在正确的立场上、尊重你的朋友，要酷得多。

如何成为女孩喜欢的男孩？

★不要取笑女孩的长相。
★不要拿月经开玩笑。
★如果你认识的女孩情绪低落，要关心和理解她们。
★为被嘲笑的人挺身而出。
★别以为女孩不懂你在经历什么。

词汇表

激素 人和动物的内分泌腺分泌的物质的统称。它是开启青春期的化学“信使”。

声带 位于喉部的发音器官。当人说话时，声带会震动，从而发出声音。在青春期，男孩的声带会变宽，从而改变声音。

痘痘 学名为“痤疮”，在青春期多生在人的脸上，为圆锥形的小红疙瘩。

阴囊 男性外阴部下垂的皮肤囊袋，内有睾丸、附睾等。

阴毛 青春期开始出现在阴茎或阴道周围的体毛。

射精 男性极度兴奋时，将精液射出体外的行为。

受精 卵子和精子相互结合而形成一个新的细胞的生物学现象。

精子 睾丸中产生的雄性生殖细胞。

勃起 男子的阴茎由绵软下垂到变硬、变长的生理反应。

性行为 两性之间发生的与性有关的行为。

避孕 避免受孕的行为。

子宫 女性生殖器官的一部分。卵子受精后，在子宫内发育成胎儿。

阴道 女性生殖器官的一部分，是连接子宫和外生殖器的肌性管道。

睾丸 也被称为“精巢”，是产生精子的地方。

精液 男性生殖器分泌的含有精子的液体。

图书在版编目（CIP）数据

1小时读懂青春期：男生版/（英）菲尔·威尔金森著；（英）萨拉·霍恩绘；刘畅译. -- 北京：中国妇女出版社，2020.6

书名原文：The Boys' Guide to Growing Up

ISBN 978-7-5127-1863-0

Ⅰ. ①1… Ⅱ. ①菲… ②萨… ③刘… Ⅲ. ①男性－青春期－健康教育 Ⅳ. ①G479

中国版本图书馆CIP数据核字(2020)第071061号

著作权合同登记号 图字：01-2020-1701

1小时读懂青春期（男生版）

作　　者：〔英〕菲尔·威尔金森 著 〔英〕萨拉·霍恩 绘 刘 畅 译
责任编辑：王 琳
封面设计：秋千童书设计中心
责任印制：王卫东
出版发行：中国妇女出版社
地　　址：北京市东城区史家胡同甲24号 邮政编码：100010
电　　话：（010）65133160（发行部） 65133161（邮购）
网　　址：www.womenbooks.cn
法律顾问：北京市道可特律师事务所
经　　销：各地新华书店
印　　刷：北京尚唐印刷包装有限公司
开　　本：170×230 1/16
印　　张：3
字　　数：12千字
版　　次：2020年6月第1版
印　　次：2020年6月第1次
书　　号：ISBN 978-7-5127-1863-0
定　　价：36.00元
